Lb 41 2686

ORAISON
FUNÈBRE
DE SA MAJESTÉ LOUIS XVI,
ROI DE FRANCE ET DE NAVARRE,

PRONONCÉE

Dans la cérémonie du Service expiatoire, célébré à Tours, dans l'église de St.-François-de-Paule, le 28 juillet 1814,

En mémoire de Leurs Majestés, LOUIS XVI, Roi de France et de Navarre; MARIE-ANTOINETTE-JOSÉPHINE-JEANNE DE LORRAINE, Archiduchesse d'Autriche, Reine de France et de Navarre; LOUIS XVII, Roi de France et de Navarre; et de Son Altesse Royale Madame ELISABETH DE FRANCE;

PAR

M. NORMAND, Docteur en Théologie, Curé de St.-François-de-Paule, Chanoine honoraire de la Sainte Eglise Métropolitaine de Tours, Membre du Conseil Archiépiscopal.

Nolite flere super me, sed super vos ipsas flete et super filios vestros.

Ne pleurez pas sur moi, mais sur vous et sur vos enfans.   S. LUC, ch. 23, v. 28.

A TOURS,
Chez LETOURMY, Imprimeur-Libraire, rue Royale, n.° 69.

AVIS.

Cette Edition est au profit des Pauvres de la Paroisse de Saint-François-de-Paule.

ORAISON FUNÈBRE

DE SA MAJESTÉ LOUIS XVI, ROI DE FRANCE ET DE NAVARRE.

Nolite flere super me, sed super vos ipsas flete, et super filios vestros.

Ne pleurez pas sur moi, mais sur vous et sur vos enfans. S. Luc, ch. 23, v. 28.

Ainsi parloit le Dieu Rédempteur aux femmes de Jérusalem, chargé du pesant fardeau de sa Croix, et marquant ses pas vers le Calvaire des traces de son sang.

J'ose emprunter, Messieurs, ces paroles du Fils de Dieu, et les mettre à la bouche de l'auguste victime que nous pleurons. Eh! n'est-ce pas Dieu même qui, du fond de ce sépulcre, nous les transmet par son organe ?

Quel langage tiennent à nos esprits et à nos cœurs tant de souvenirs cruels qui nous déchirent? Que nous disent ces crêpes funèbres qui couvrent ce sanctuaire ; ces lis empreints du sceau de notre douleur; cette couronne renversée, ce sceptre brisé, ces débris lamentables de la pompe des Rois; tout cet appareil de deuil que nous commande une tristesse profonde?

Ils nous disent, Messieurs, de pleurer sur nous, et non sur le prince que nous vîmes précipité, du haut du trône, sous la hache des bourreaux.

Sous la hache des bourreaux! Qu'ai-je dit? Grand Dieu! Je l'ai dit, Messieurs, je n'ai pu le dire, sans rappeler cet assemblage monstrueux, cette tourmente de crimes et de forfaits qui se pressèrent, autrefois, en tumulte, contre l'image vivante de la divinité, et ne la quittèrent point, qu'ils ne l'eussent mise en pièces. O honte! O opprobre! Mais.... ô justice éternelle du Dieu vivant! L'Europe entière, consternée; la France, qui, d'une extrêmité à l'autre, dans toute sa surface, ne peut supporter le sentiment de sa flétrissure; la terre, comme les cieux, dans un juste courroux! Ah! que ce sentiment universel d'effroi fut un hommage précieux rendu à la mémoire du Roi-Martyr, tandis qu'il ne put être qu'une exécration, vouée à jamais, d'âge en âge, jusqu'au dernier avenir, aux grands crimes des furies délirantes qui se déchaînèrent contre le monarque!

La mort de LOUIS XVI, Messieurs, ourdie par tant de trames secrètes de l'impiété, fut pour le prince, qui s'offrit en holocauste, la palme de l'immortalité, et pour le peuple français, le signal des vengeances divines qui devoient éclater contre nous; il appartient donc à LOUIS XVI, de s'écrier, du milieu des ombres de la mort : *Français, pleurez sur vous, ne pleurez pas sur moi.*

Mais, que vois-je? Le crêpe funèbre qui s'étend de la tête de LOUIS, sur celle de sa généreuse compagne, MARIE-ANTOINETTE-JOSÉPHINE-JEANNE, Archiduchesse d'Autriche, plus grande dans ses malheurs qu'elle ne le fut sous l'éclat du diadême : jouet impassible de tous les genres d'affronts : forte et inébranlable devant la tyrannie qui l'opprime : forte et inébranlable, lors même que la tyrannie fait tomber le glaive assassin sur sa tête auguste.

Que vois-je? O horreur! Le crêpe funèbre qui, de la tête de son auguste mère, passe sur celle du jeune enfant, le Roi LOUIS XVII, dont l'innocence, la candeur, eussent, sur des rives lointaines, charmé la fureur des antropophages, et qui restent muettes et sans pouvoir sur la politique féroce qui le mine peu à peu, qui l'immole par lambeaux, jusqu'à ce que la jeune victime expire.

Que vois-je? Qu'entends-je? Il n'est pas jusqu'à cet Ange céleste, l'incomparable ÉLISABETH DE FRANCE, que la cloche funèbre n'appelle au supplice! quoique, hélas! elle ne puisse être d'aucun ombrage à aucune politique terrestre, si ce n'est, à la philosophie haineuse de toute vertu, par ce minis tère de consolation qu'elle s'est dévouée à acquitter envers le malheur, héroïsme de charité, qui la fit copartageante dans l'infortune, et solidaire avec elle pour tous les genres de martyre.

Il est donc vrai, ô mon Dieu! que, les vengeances divines une fois décrétées contre le monde coupable, vous mettez en œuvre les hommes de votre colère, les hommes profondément méchans; ils sont, dans vos mains, autant d'instrumens de vos terribles justices : abandonnés à l'égarement de leurs pensées, au sens réprouvé de leurs conceptions, ils se plongent, ils s'enfoncent, ils s'abîment dans des mers de crimes qui ne connoissent ni bords, ni rivages, où les flots irrités des passions puissent venir se briser.

Nous, Messieurs, dans ce déluge de maux, élevons nos yeux vers l'aimable et généreuse providence, qui, du haut des cieux, fixe d'un regard de complaisance la vertu, qui l'aime, la chérit, la soutient, la purifie, l'enrichit de tous les dons de la droite du Seigneur, et la fait marcher d'un pas ferme, inébranlable, à travers tous les tourbillons où s'enveloppent les enfans du péché. Comme l'or est plus pur, après l'épreuve du creuset; comme l'astre brillant du jour est plus vif après l'orage; ainsi la vertu sort-elle de toutes ces tourmentes, plus belle que jamais, et arrive sans blessure aucune, loin delà! toute couverte de bénédictions et de gloire, au port qui lui fait oublier la tempête.

Tel est, Messieurs, le miracle que mon ministère m'impose de célébrer en ce jour ; les vertus de LOUIS XVI, Roi de France et de Navarre, brillantes du plus pur éclat, au sein de sa grandeur, et d'un éclat plus brillant encore au sein de ses malheurs : c'est le point de vue sous lequel je saisis son éloge; honorez-moi, je vous prie, de votre attention.

PREMIÈRE PARTIE.

Il n'en est pas, Messieurs, des orages politiques qui amènent peu à peu la chûte des Empires, comme des orages qui consternent le pilote sur l'Océan : ceux-ci soufflent tout-à-coup la tempête ; un premier éclair, un premier coup de vent, glacent d'effroi et menacent du naufrage; mais les tempêtes qui engloutissent les États, se préparent de loin; elles s'engendrent, elles se forment par de longues méditations. Les enfans de ce siècle sont plus prudens que les enfans de la lumière, ils dressent par avance leur plan d'attaque, ils machinent la ruine avant de l'effectuer.

Vous pleurez tous, Messieurs, sur l'infortuné LOUIS XVI : ah ! pleurez plutôt sur l'époque désastreuse où le précieux rejetton de tant de Rois fut donné à la terre. Je le vois circonvenu par tous les genres de périls, même avant que de naître. Déjà le respect pour les trônes étoit altéré dans les esprits : déjà l'indépendance à l'égard des Rois étoit soufflée par cette foule de libellistes qui firent éclore, de leur fond de corruption, ces principes jusqu'alors inconnus, qui identifioient la royauté avec la tyrannie, la tyrannie avec la royauté, et faisoient un synonime impie de l'une et de l'autre : à cette époque, le rêve bizarre de la souveraineté des peuples étoit couvert de charmes illusoires, et étoit devenu le délire de notre orgueil.

C'est dans ces circonstances atterrantes, que Monseigneur le Duc de Berri reçut le jour, de l'heureuse alliance de LOUIS, DAUPHIN DE FRANCE, et de MARIE-JOSÉPHINE DE SAXE. La mort prématurée du Duc de Bourgogne, son frère aîné, le signala, de suite, comme devant être un jour, l'héritier du premier trône du monde; considération puissante sur le cœur de Louis, pour le faire redoubler de zèle, afin de jetter dans l'ame du jeune enfant, la semence des hautes vertus et les vastes lumières qui font les grands Rois.

Louis, Dauphin de France! A ce mot, Messieurs, combien de plaies profondes je rouvre dans vos ames! Déjà son ombre étoit prête à se confondre avec celle du Duc de Bourgogne! Louis, Dauphin, n'avoit plus que quelques années à donner aux princes ses enfans. Ah! qu'elles leur furent précieuses! qu'elles secondèrent merveilleusement, par son assiduité auprès d'eux, les instructions du célèbre Évêque de Limoges et du Duc de la Vauguyon, deux maîtres également recommandables par leurs lumières et leur haute sagesse!

Je n'entreprendrai point, Messieurs, de vous peindre les progrès rapides du jeune élève, prévenu par la nature d'une rare aptitude aux sciences, prévenu sur-tout d'une rare docilité, riches présens du ciel qui le firent correspondre, avec un entier succès, à l'application de ses maîtres auprès de sa personne.

Ici, Messieurs, que la calomnie rentre dans ses antres ténébreux; (vous savez que tout est d'un usage précieux pour le méchant.) Autant la malicieuse censure exhala, au sein de la cour, de fiel sur la personne de Monseigneur le Dauphin; autant elle se préparoit à distiller d'amertume sur le précieux enfant qu'elle vit appellé à être, un jour, le soutien de nos destinées.

Vous ne pouvez être étrangers, Messieurs, aux perfidies des ennemis des trônes. Calomnier les princes, et leur ravir par-là l'estime et l'amour des peuples; les environner d'adulations, afin de les faire tomber dans leurs pièges, et les noircir avec plus de succès; empoisonner leurs actions les plus simples, leurs délassemens les plus innocens, dans la vue criminelle de flétrir par avance leurs diadêmes : tel fut l'excès de l'envie sombre et maligne, qui ourdit alors, contre Monseigneur le Dauphin, ses trames les plus odieuses. Mais, tel est le puissant empire de la vertu, de faire reculer le crime devant elle, et le renvoyer à ses machinations perfides; Louis s'étoit tellement prévenu contre ces hommes de cour, et leurs machinations infernales, qu'ils sentirent tous que son auguste personne étoit inaccessible pour eux. Avec quelle sollicitude, comme un autre Salomon (1), il écarta loin des princes ses enfans leur souffle empesté! Monseigneur le Dauphin s'étoit convaincu, par l'étude qu'il fit toute sa vie de la sagesse, que les louanges astucieuses, mensongères, et l'art trompeur des intrigues qui agitent les cours, font le malheur des peuples, en énervant les Rois.

Cette aversion pour la flatterie fut le premier héritage que les leçons inappréciables du père assurèrent au fils; delà, cette modestie innée à Monseigneur le Dauphin, qui devint comme innée à son élève chéri: vertu qui devint tellement naturelle au Duc de Berri, que vous le verrez, même sous l'éclat du diadême, ne jamais la trahir; se couvrant d'un voile impénétrable dans tout ce qui pourroit faire luire le regard de l'admiration sur sa personne; repoussant, par un mouvement spontané de son ame, les inscriptions glorieuses que la piété filiale ambitionneroit de graver à son honneur sur le marbre ou l'airain (2) : vertu d'un si grand prix à ses yeux, que les mémoires, les plans, les écrits pour la prospérité de l'État, quand ils sortiront de ses mains royales, seront produits à son conseil, tracés par une main étrangère; tant il

---

(1) *Fili mi, si te lactaverint peccatores, ne acquiescas eis.* Prov. 1.
(2) Louis XVI refusa les inscriptions honorables que la ville de Dole en Franche-Comté voulut faire graver au pied de sa statue. *Eloge hist. de* MONTJOIE, *éd. d'Avril* 1814, *p.* 159.

craindra, toute sa vie, que l'encens de l'adulation ne cause d'affligeantes méprises, ou ne couvre les esprits d'illusions funestes!

Mais ne devançons pas les temps : ne vous lassez point, Messieurs, d'étudier le jeune prince dans un âge aussi tendre ; (c'est alors que la nature se développe d'elle-même par des traits qui ne peuvent tenir de l'artifice.) Ses vertus naissantes se produisent toutes de l'heureuse sympathie qui s'est formée entre le père et le fils : même aversion pour la frivolité: application égale aux études sérieuses : compassion également tendre pour l'infortune. Le même pinceau, Messieurs, qui vous rendroit les vertus du père, vous rendroit, dans le même style, les vertus du fils; l'histoire fidèle, en leur payant son tribut, devant la postérité, sera servie par le même burin, et elle n'agréera nulle diversité dans l'expression, tant est remarquable déjà la ressemblance, je dirois presque l'identité, des penchans, des inclinations, et des sentimens de l'un et de l'autre!

Quel heureux pressentiment concevoir d'un jeune prince, que l'on voit déjà faire des larcins journaliers à ses plaisirs en faveur de l'indigent! Quel heureux pressentiment concevoir d'un jeune prince que l'on voit, dans les promenades, s'écarter de ses gouverneurs, pour entrer dans la chaumine du pauvre et y verser ses largesses; rappellé auprès de ses maîtres, se plaindre à eux, avec l'accent de l'enfance, qu'il ont abrégé sa bonne fortune, celle de donner du soulagement au malheureux, et de sécher ses larmes! Delà, combien d'heureux présages qui ne seront jamais démentis! Qu'il sera difficile que le prince ait jamais les oreilles frappées d'aucun accident funeste, sans qu'il y subvienne sur ses épargnes! En vain chercheroit-il à se couvrir : les largesses de sa charité retentiront dans la France entière : que dis-je? elles passeront bien au-delà de ses limites, bien au-delà des mers; elles passeront jusques sur les rives lointaines, jusques dans Tunis, dans Alger, où le Duc de Berri fera briser les fers de l'esclave par les sacrifices de sa libéralité : on le verra même armer des frégates, pour recueillir l'esclave au sortir de ses chaînes, et le rendre à la mère patrie.

Qu'il est beau, Messieurs, de voir le prince, dans le jeune âge, prendre le plus vif intérêt à tout ce qui semble ramper à ses pieds! Ici, interroger le laboureur qu'il rencontre, sur tout ce qui concerne la culture de son champ; être sur cela, et sur les travaux agrestes, inépuisable en recherches : là, rechercher également, et avec un intérêt aussi vif, l'ouvrier, l'artiste, sur les secrets et procédés de leur art, d'après la leçon tant de fois répétée par son auguste père, qu'un prince à qui il appartient de protéger tout, ne doit être étranger à rien.

Mais que vois-je? Le riche trésor de la France, Louis, Dauphin, déjà placé sous les regards de la

Parque cruelle, prête à le moissonner. O cruelles destinées prononcées contre la France! O cruels chagrins préparés au Duc de Berri! O amertumes déchirantes qui vont inonder l'ame de LOUIS XV, son tendre père! Qu'il s'estima heureux, en effet, ce monarque, dans ses malheurs, d'avoir, dans la personne de Monseigneur le Dauphin, un tel contre-poids aux déréglemens de sa cour! Qu'il s'estima heureux, dans ses malheurs, que, par la pureté inaltérable du Dauphin, son fils, la vertu, à l'ombre du trône, se fût retenu un asyle aussi précieux près sa personne! *Quelle perte! Grand Dieu!* s'écria-t-il dans sa douleur profonde : *quelle perte pour la France! Mon fils n'a jamais pratiqué que le bien!*

La mort du Dauphin fut en effet le coup le plus terrible dont la France pût être frappée : la religion perdoit en lui son plus ferme appui; et le philosophisme du jour, le censeur importun de ses erreurs et de ses vices. Religion sainte! vous couvrîtes sa tombe de vos larmes! Et toi, philosophie haineuse, et vous, pervers agitateurs des cours, vous n'y vîtes que des trophées à recueillir! Combien, sur-tout, la jeunesse du Duc de Berri présentoit-elle d'appas et de charmes à vos vues criminelles? Illusion! erreur! Le Duc de Berri réalise toutes les espérances qu'a fournies son enfance. On voit déjà sur toute sa personne l'empreinte profonde de la main paternelle, qui vient de disparoître pour lui. On le voit assez prémuni contre les vices de la cour, pour n'avoir point à en redouter les atteintes mortelles : on voit que la maturité de l'âge, l'amour du bien public, l'amour paternel des Français, l'amour et l'estime des bonnes mœurs, l'amour de l'intègre et impartiale justice, se sont associées à son adolescence par des liens supérieurs à tous les genres de contagion.

Quelle leçon importante il donna alors à cette multitude de seigneurs, dont les chasses sont le plus souvent une véritable oppression pour leurs vassaux ! Avec quelle énergie il fit respecter les dons de la providence sur le champ étranger, disant hautement que les plaisirs des princes ne doivent pas être servis par le ravage ! Trait frappant dans un prince aussi jeune, qui montra au grand jour son respect pour les propriétés, et son éloignement de toute espèce d'injustice ! Il sera digne de régner sur les hommes, s'écria-t-on alors de toutes parts, celui qui aime les hommes, et qui ne craint rien tant que de nuire aux hommes (3) !

Il sera digne de régner, celui qu'on sait être environné de corruption et de scandales, et qui déjà ne se rend accessible qu'à la seule vertu, écartant loin de sa personne, tout ce qui en blesse les regards.

---

(3) Monseigneur le Comte d'Artois étoit présent, et il s'écria : *Ah! que la France doit s'applaudir d'avoir un prince aussi juste!* MONTJOYE, Él. hist., éd. d'avril 1814, p. 82.

En ce point, Messieurs, le jeune Dauphin se montra toujours inflexible, témoin cette belle réponse au sujet d'un homme puissant, mais dépravé, qui sollicite une place dans sa maison : *s'il l'obtient*, dit-il, *il est par avance dispensé de tout service.*

Quelle fermeté, quand une femme trop fameuse à la cour paroît à son audience! Il détourne ses regards, et, par un silence plus qu'éloquent, il lui fait payer un juste tribut de réparation aux mœurs publiques, cruellement blessées par ses outrages. Dans une circonstance plus difficile, que vous connoissez, il lui interdit l'entrée dans ses appartemens; et il ne craint pas de dire, qu'il respecte trop Madame la Dauphine, pour laisser approcher d'elle aucun scandale.

Alors, Messieurs, le mariage du Dauphin venoit d'être célébré avec MARIE-ANTOINETTE-JOSÉPHINE-JEANNE DE LORRAINE, Archiduchesse d'Autriche. L'Europe entière applaudit à l'alliance qui devoit rétablir l'équilibre entre deux puissances rivales; la France, dans le ravissement, avoit payé aux deux jeunes époux le tribut de son admiration et de son amour; Paris les avoit accueillis avec l'ivresse de la joie et les transports de l'allégresse. Ah! que d'heureux pressentimens se produisirent delà, comme une garantie assurée de leur bonheur futur!

Mais la mort qui venoit de frapper Louis XV, leur aïeul, en élevant LOUIS XVI sur le trône, ne lui présentoit qu'une couronne devenue déjà l'objet des sombres envies des méchans, une couronne déjà mise en but à leurs passions haineuses. Les déprédations du dernier règne avoient fait monter la dette de l'État a une somme de 78 millions, dévorée par avance sur les revenus, et un excédant de 22 millions de dépense sur la recette.

Personne ne fut plus propre que LOUIS XVI, à fermer cette plaie profonde; aucun monnarque, s'il ne fût issu de la race des Bourbons, n'eût été capable de l'imiter dans ses sacrifices. *Qu'importe que je souffre personnellement,* dit le prince, *pourvu que mon peuple soit heureux! J'accoutumerai mon fils à être heureux du bonheur des Français.* Paroles, Messieurs, qui ne furent pas les vains sons de l'ostentation, dans la bouche du jeune Roi. A peine est-il monté sur le trône, qu'il s'arme d'une juste sévérité; il résilie tous les traités qui blessent les intérêts de la nation, il réduit les gains de la finance, il réduit les bénéfices sur les entreprises, il révoque sans retour toutes les graces qui n'ont été produites que par le jeu de l'intrigue : il va plus loin; il s'immole lui-même, il sacrifie l'éclat que le trône reçoit de ses braves légions; erreur funeste sans doute! mais erreur qui fut celle de la générosité de LOUIS, et de sa confiance.

Ne soyez point surpris, d'après cela, de voir le prince procurer, dans le court espace de dix-huit mois, un remboursement de 24 millions sur la dette exigible, 5o millions sur la dette constituée : delà, le raffermissement inopiné du crédit public ; delà, les grandes espérances que fournirent les premières années de son règne. Mais, ô douleur! la malheureuse guerre d'Amérique les fait échouer par l'impéritie de ceux qui l'approchent. Le grand malheur de LOUIS XVI, Messieurs, fut d'avoir eu besoin de ministres pour seconder ses vues. Systèmes des Economistes, d'une part : systèmes philosophiques, de l'autre : telles furent les erreurs du jour contre lesquelles on ne pouvoit trop se prémunir. Au contraire, la plupart de ceux que le prince appelle successivement au ministère, y puisent leurs théories ; et ces théories sont autant d'hydres dévorantes, qui creusent l'abyme au lieu de le combler, qui grossissent la dette, et exposent de jour en jour le vaisseau de l'État.

Dans cette perplexité, qui fut le chagrin de toute la vie de LOUIS XVI, voyez cependant LOUIS saisir toutes les circonstances pour faire profiter au peuple ses vues libérales, soit par la suppression des corvées, soit en débarrassant la justice criminelle de ses formes barbares, soit par l'affranchissement donné, aux paroisses, de la solidarité de l'impôt.

Il n'est, Messieurs, aucune époque du règne de LOUIS XVI, qui n'ait été signalée par des bienfaits. O ingratitude! O monstruosité! Ce sont ces mêmes bienfaits qui provoquent ses malheurs! Cependant fut-il jamais prince qui eût plus de droits à recueillir les bénédictions du peuple français? En exista-t-il, dans son auguste et antique dynastie, qui fût plus père que lui à notre égard? Toutes les vertus qui font les bons Rois; une aimable simplicité de mœurs, une aménité pleine de charmes, un désintéressement parfait, une abnégation entière de lui-même, quand il s'est agi du bien public, une application constante à tous les devoirs de la royauté, ne durent-ils pas être, dans sa personne, comme un faisceau redoutable aux méchans, et une garantie assurée contre leurs traits envenimés? Non, Messieurs, c'est parce que LOUIS XVI fut, sur le trône, l'homme de la droite de Dieu, qu'il n'en dût faire que plus d'ombrage à l'impiété du jour. Dieu voulut imprimer dans nos ames l'éloignement des erreurs et l'horreur des excès, où devoient conduire les systêmes philosophiques de ce malheureux siècle; il lui fallut une noble victime qui fût, par ses cruelles épreuves et par sa mort, la leçon éternelle des Rois comme des peuples: cette leçon importante, mais malheureuse, c'est LOUIS XVI qui va la donner au monde. LOUIS appelle le peuple français autour du trône, époque honorable, mais désastreuse de son règne! Là, se reportent les évènemens tragiques, dont j'ai à vous entretenir.

Vous avez vu les vertus du monarque briller du plus pur éclat au sein de sa grandeur: il me reste à vous les faire voir d'un éclat plus brillant encore au sein de ses malheurs.

SECONDE PARTIE.

Messieurs, Dieu n'a point tellement abandonné les méchans à leur sens reprouvé, qu'il n'ait fait briller sur eux le regard de sa miséricorde; dans l'excès de leur dépravation, il a toujours mis un puissant contrepoids à leurs passions, à leurs vices; au sein des plus profondes ténèbres, il leur a donné les lumières les plus vives; à côté des grands crimes, Dieu a toujours placé de grandes vertus : tel fut l'ordre comme immuable de son aimable providence. Portez vos regards bien avant dans l'antiquité : aux côtés d'un Caïn, vous voyez un Abel; aux côtés d'un Ésaü, vous voyez un Jacob; dans la corruption universelle des hommes, vous voyez Noé et sa famille : au milieu des enfans pervers du fils d'Isaac, vous voyez l'innocent Joseph. Même ordre de providence, dans le tableau qui va s'offrir à vos regards: d'un côté, je l'entrevois avec effroi, par les forfaits pleins d'horreur qui vont s'amonceler sous vos yeux, et de l'autre, avec un saint enthousiasme, par la hauteur des vertus de l'auguste victime que nous pleurons.

Que voir dans la personne de LOUIS XVI, si non un tendre père qui appelle à son secours ses enfans; un Roi qui s'environne de ses sujets, comme de lumières propices dans les embarras qu'il éprouve; un Roi, un père, qui, sachant que la voix de l'opprimé arrive difficilement au trône, veut recevoir de sa propre bouche ses doléances, ses plaintes, et y apporter un prompt remède, y faire prompte justice? Un Roi, un père, qui veut alléger l'impôt à celui sur lequel il pese avec inégalité, et réédifier le bonheur public sur la propre demande des Français? Les vues bienfaisantes du prince sont connues : mais qu'elles vont être cruellement deçues !

A peine les trois Ordres sont-ils assemblés, que, déjà, les fondemens du trône s'ébranlent; tous les ressorts de l'État se brisent à la fois : la crise est épouvantable. La puissance royale, une fois méconnue, avilie dans la personne de LOUIS XVI, plus de frein à l'effervescence des passions; plus de digue à opposer au torrent dévastateur.

Voyez maintenant, Messieurs, voyez sans surprise, l'assemblée des États partagée en factions, d'autant plus redoutables, qu'elles roulent toutes sur le pivot des séditions populaires, des confédérations plébéïennes, qui en sont le soutien.

Voyez, Messieurs, à l'appui des factions, l'esprit d'indépendance soufflé dans les villes, les villages, et faire, des villes, des villages, autant de peuplades prêtes à s'armer contre le prince.

Voyez, à l'appui des factions, tous les moyens de séduction employés, avec succès, sur le peuple français, jetté dans la stupeur, dans l'ivresse, par le songe absurde de la loi agraire, par les rêveries philosophiques des souverainetés populaires, de liberté, d'égalité, des droits de l'homme, haine des royautés et des Rois, et tous les enfans perdus et égarés qui s'engendrent des théories du jour.

Voyez les volcans se former au sein des hameaux, et faire tout disparoître sous un amas de cendres fumantes.

Voyez le crime faire germer, de toutes parts, par ses sociétés patriotiques, la corruption de la morale publique.

Voyez le crime substituer les monumens effroyables de l'apostasie, aux signes antiques de la religion, afin d'ôter au peuple jusqu'au souvenir du culte de ses pères. Delà, delà, comme d'une source inépuisable en monstruosités, voyez, sans étonnement, se produire, soit l'hydre furibonde du schisme, soit les trop fameuses apothéoses consacrées aux déesses de la raison, de la liberté, et à tous les coryphées de l'impiété; et tous les délires, enfin, qui doivent s'engendrer du cœur corrompu des hommes, quand les hommes en seront venus au point de pouvoir tout oser ! Et ce point, la marche rapide des passions l'a fait atteindre en un clin-d'œil aux méchans. Je vois leur empire protégé par les factions, comme par autant de forts inattaquables : d'un côté, le crime reçoit son organisation, de la correspondance la plus active des agitateurs avec les départemens; et de l'autre, la voix des sages, dans les départemens, est comprimée par le peuple dans l'anarchie, mis astucieusement en surveillance permanente devant les autorités.

Détournons la vue, de ces tableaux déchirans, et portons nos regards sur la belle ame de LOUIS XVI. L'infortuné monarque ne se dissimule pas que son trône n'est plus assis que sur un amas de décombres; il ne voit nul moyen de le relever de ses ruines : les factions édifient le leur, et en cimentent les fondemens par des flots de sang; tandis que le sage monarque, bon, humain, loyal, religieux, ne veut pas *qu'un seul homme périsse pour sa querelle.*

Ici, cependant, suspendez votre jugement sur LOUIS XVI. Chaque fois que les furies se déchaînent dans ses palais, ses regards se portent sur le vaste empire des Français; il craint tout de la correspondance active des factions avec les provinces; il craint que le signal qu'il eût donné d'un combat, n'eût fait, en un clin-d'œil, de toute la France, un vaste champ de gladiateurs, armés, soit pour sa cause, soit pour celle de tant de partis conjurés. Quel eût été le résultat? Ne nous perdons point, Messieurs, dans l'incertitude des conjectures : la postérité jugera équitablement un monarque que tant de trames secrettes de l'impiété mirent sans moyens et sans ressource; elle ne lui reprochera aucun des évènemens tragiques qui placèrent, à chaque fois, LOUIS XVI sous l'empire irrésistible de la tyrannie, environné, soit d'agens perfides, soit de gardes infidèles, soit de ministres livrés aux factions ennemies.

La postérité, plus religieuse que son siècle, s'attachera toute entière aux grands souvenirs qui consolent nos ames; elle se peindra, avec enthousiasme, un monarque que sa foi, sa religion élevèrent, à toutes les époques, bien au-dessus de ses malheurs.

Vous le savez, Messieurs; les débris du trône ne présentent plus, dans la personne de LOUIS, qu'un fantôme de royauté. LOUIS XVI ne donnoit plus aucune confiance à ce vain simulacre; il ne vit point tant de factions ennemies le poursuivre avec acharnement, sans pressentir le coup fatal qui le menaçoit.

Dès 1791, il rassemble ses proches; il porte dans leurs ames l'onction céleste qui embaume la sienne ; il leur transmet ce sentiment héroïque de résignation qui, dès-lors, ne les attache plus qu'aux seuls biens que les vicissitudes humaines ne peuvent ravir.

Que les hommes sont forts, Messieurs, dans leurs épreuves, leurs disgraces, quand ils se sont abandonnés sans réserve à l'impénétrable providence! Ils ne s'étonnent, ni ne se troublent; et leur force, toute divine, fait face aux évènemens les plus imprévus. Religion sainte! voilà vos miracles! Philosophes, vous n'y croyez pas. Voyez LOUIS XVI, le 20 juin; le palais du Roi est emporté d'assaut par des légions d'assassins : LOUIS leur ouvre lui-même la porte de ses appartemens. Mille glaives se croisent sur sa poitrine; les airs retentissent des hurlemens de la rage: LOUIS reste dans un calme parfait; la sérénité de son front, l'intrépidité de son regard désarment tous les cannibales. *Ne craignez pas, Sire,* lui dit le féroce agitateur des faubourgs. *Moi, craindre!* lui réplique le monarque avec vivacité, *c'est, monsieur, à ceux qui n'ont pas le cœur pur, à craindre la mort.* Prenant la main d'un grenadier, il la pose sur son cœur : *Tiens, mon ami, dis à cet homme si mon cœur palpite plus qu'à l'ordinaire.* Trait admirable de force, qui jette dans la stupeur, abat et renverse les fiers démagogues, et leur permet à peine d'insister, en tremblant, sur la sanction des décrets!

Que répond le monarque? *Ce n'est pas le moment, ni de rien demander, ni de rien accorder.* Paroles pleines de sens! paroles d'une entier sang-froid! paroles vraiment royales, vraiment chrétiennes (4)! qui nous peignent l'ame de LOUIS XVI, placée sous le seul empire de la conscience, sans qu'aucune crainte de la mort puisse l'ébranler. Religion sainte! voilà vos miracles! Philosophes, vous n'y croyez pas. Voyez LOUIS XVI, dans le dénouement des scènes tragiques qui précipitent et achèvent sa ruine.

Depuis le 20 juin, Messieurs, pour une ame toute autre que celle de LOUIS, chaque jour eût été un jour d'abattement et de désespoir : ces jours furent, pour lui et son auguste famille, ceux d'une sainte

---

(4) Un de ces décrets ordonnoit la déportation des ministres de la religion.

agonie; nulle interruption dans les vociférations qui portent, jour et nuit, des cris de mort, aux oreilles de LOUIS XVI et de son auguste épouse. Jamais le sommeil ne put aborder leurs paupières ; accablés de fatigue, s'ils se jettent sur le lit de repos, c'est pour en sortir aussitôt au bruit effrayant des carnivores qui menacent la sainteté de leur asyle.

Quelle vie amère, Messieurs, que celle à qui les furies lancées du milieu des enfers, n'accordent aucune trêve, pas même celle dont jouissent les forçats au retour de la nuit ! Quelle vie amère, que celle qui est, la nuit comme le jour, torturée par le supplice de la peur ! Mais l'ame fortifiée dans la tribulation, s'élève au-dessus de la sphère des hommes : les horreurs du 10 août n'ôteront rien à la sécurité de LOUIS.

Ce jour, Messieurs, les murs de Paris étoient couverts d'écrits imposteurs contre le Roi; le tocsin des églises donnoit le son d'alarme; tout Paris est mis en mouvement, et des milliers d'antropophages environnent la demeure du monarque. LOUIS visite tous les postes avec un entier sang-froid ; il se convainct, par lui-même, que la corruption a atteint la majeure partie de sa garde : le monarque ne peut plus douter que la famille royale ne soit sur le point d'être immolée. Dans cette extrêmité, il se rallie avec elle au sein des représentans. Foiblesse extrême ! s'écrie la maligne censure. Sagesse chrétienne ! s'écrie la religion. LOUIS pressent le grand crime prêt à se consommer; il usera de tous les moyens pour l'épargner à ses sujets.

Étrange renversement des grandeurs humaines! Les descendans des augustes dynasties de Bourbon et de Lorraine, les fils et petits-fils de tant d'Empereurs et de Rois, restent concentrés dans une loge étroite où vont se perdre les vapeurs de l'assemblée, et retentir les cris du délire et de la férocité! La France entière verse sur eux des larmes de sang, tandis que le crime les contemple d'un œil sec et aride, et qu'il fait de leur position amère un aliment à sa joie aussi stupide que féroce.

Le seul sentiment de l'humanité commandoit de pourvoir d'une habitation les illustres infortunés, réduits à s'étendre sur des lits de camp dressés à la hâte; il commandoit qu'on s'occupât des besoins pressans des augustes victimes, arrachées à leurs palais, sans autres vêtemens que ceux avec lesquels les furies nocturnes les ont rencontrées et mises en fuite. Loin delà! On profite de leur présence, pour les abreuver d'ennuis et d'outrages : on profite de leur présence, pour charger le prince des maux de l'insurrection. On prétend arracher le crime de l'insurrection, de l'ame féroce des agitateurs, pour le faire passer dans l'ame du Roi! On l'accuse gravement de ne s'être pas fait aimer d'un peuple, que les hommes pervers ont fait obéir à leurs perfides complots, à leurs trames sanguinaires; on décrète, sous les yeux du prince, la suppression de la liste civile, la suspension de ses fonctions royales. LOUIS, dans le calme de la sérénité que donne la vertu, voit tout, entend tout, sans aucune altération sur sa figure, sans aucune émotion dans son cœur.

Même calme, même sérénité, lorsque la tyrannie oppressive le fait mettre en marche, avec sa famille éplorée, vers le fort où vont se porter maintenant en furie tous les traits enflammés des passions.

Passons sous silence les sales injures que la populace soudoyée leur prodigue dans ce pénible trajet; le récit ne feroit qu'affoiblir, hélas! par le parallele, le tableau des tortures inimaginables que la méchanceté leur prépare sous les verroux du Temple.

C'est avec tous les raffinemens de la cruauté que va s'exercer la surveillance sur les augustes captifs: les prisons de Tunis et d'Alger n'eussent pu présenter un aspect plus effrayant.

Le décret porte cependant que *le Roi et sa famille sont confiés aux vertus des Parisiens* (5).

Témoins en effet de ces vertus, les laves incendiaires que les magistrats du peuple laissent tranquillement se produire du sein des faubourgs, transformés en volcans, et qui viennent atteindre, à l'entrée du fort, les immortels *Hüe, de Chamilli,*

---

(5) Les magistrats du peuple, formant la commune de Paris.

Pierson, *Cléri* (6), que leur devouement inaltérable, leur courage magnanime appellent au temple, auprès de leurs augustes maîtres!

Témoin de ces vertus, ce système de torture qui se fabrique, chaque jour, au sein de la commune de Paris; production toujours trouvée imparfaite, au jugement des passions qui l'enfantent!

Témoin de ces vertus, l'envie que portent les méchans à l'air que respirent les victimes! D'énormes soufflets sont posés aux croisées des appartemens, et concentrent le cours de l'air dans la hauteur.

Vous vouliez, Dieu tout-puissant! que les regards de LOUIS ne pussent plus s'abaisser vers la terre homicide qui n'étoit plus digne de lui! Vous vouliez que les yeux du prince ne fussent plus élevés que vers le céleste séjour d'où l'auguste martyr tire toute sa force!

Que les passions sont donc haineuses, Messieurs! Il ne suffit pas à l'anxiété cruelle de la commune, que la prison de LOUIS soit défendue par de larges fossés que six mille ouvriers creusent sans délai autour de la forteresse; qu'elle soit défendue par huit portes énormes, qu'il faut franchir avant d'atteindre le monarque; deux Cerbères sont placés, la nuit comme le jour, aux côtés de LOUIS. (Le forçat, sous ses

---

(6) Ces quatre Messieurs étoient de service auprès du Roi, et ils coururent les plus grands dangers.

chaînes, éprouve moins de gêne et de contrainte!)
Il n'est pas jusqu'aux pensées du monarque, qui ne doivent passer par le creuset épuratoire des deux censeurs en permanence, avant de pouvoir être mises au jour, avec sécurité et sans contradiction!

Que les passions sont donc haineuses! Elles prennent ombrage même de la piété de cette famille angélique: elle reste privée des secours de la religion, qui lui eussent été d'une consolation si précieuse dans ces jours d'angoisse; on dispute à LOUIS, jusqu'aux pratiques d'abstinence, les jours prescrits par l'église. LOUIS apperçoit le raffinement de la malice dans le repas qu'on lui offre, et le descendant de soixante-six Rois se réduit à un morceau de pain pour toute nourriture (7).

Il me faudroit, Messieurs, d'autres crayons, d'autres pinceaux, pour vous rendre les tourmens exercés ici contre le prince infortuné. Mais voyez le rocher battu, depuis mille ans, par la tempête; il ne s'est pas déplacé d'une ligne : tel LOUIS XVI, fortifié par la religion, torturé jour et nuit par un nouveau genre de supplices, dans cette succession non interrompue de cruautés et d'ignominie, reste le même, ne laissant jamais échapper ni plainte, ni murmure; toujours affable, sans déchoir de sa dignité; partageant également ses loisirs aux mêmes heures, entre la prière,

---

(7) Madame ELISABETH a constamment suivi cet exemple.

la lecture, et les soins assidus qu'il prodigue à l'instruction de son fils; ne montrant jamais de tristesse à son épouse chérie, ni à ses proches, pas même à ses geoliers, dont il posséda, tant de fois, le secret de charmer l'humeur sombre et haineuse, par la richesse de son esprit, par le sel du génie jetté avec amabilité, sans faste comme sans luxe, dans les entretiens; intéressant sur-tout, tantôt les ouvriers, les artistes, sur les procédés de leur art, tantôt les étrangers de diverses provinces, sur tout ce qui est remarquable dans leur pays. (Personne en effet ne possédoit, plus que LOUIS XVI, la science de la topographie française).

Cette égalité d'ame, Messieurs, prouve bien que LOUIS XVI ne fut jamais abattu, ni même distrait, par le chagrin. Témoignage éclatant de sa bonne conscience! Miracle visible de l'assistance dont le ciel le favorise! Ses propres gardiens en font l'aveu en ces termes, devant les magistrats du peuple : *LOUIS, disent-ils, n'a rien de commun avec nous; c'est un être surnaturel. Tel est le prodige de sa religion!* dit, dans son rapport, le philosophe C......, dont le témoignage ne peut vous être suspect. Or, ce miracle de l'assistance divine, vous le verrez se renouveller à chacune des époques qu'il nous reste à parcourir.

Miracle frappant de résignation, lorsque la barbarie l'arrache tout-à-coup au sein de sa famille, et qu'elle retranche à ces infortunés leurs consolations mutuelles! (Cruauté inouie à subir! Exister à quelques pas, de ceux qu'on aime, qu'on chérit, et en être autant éloigné que d'un pôle du monde à l'autre! Ah! que les méchans savent bien ce qu'ils font! Qu'ils sont habiles dans l'art d'opprimer la tendresse! Qu'ils sont habiles dans l'art de poignarder, d'assassiner les cœurs!)

Miracle frappant d'impassibilité, lorsque les furies, toujours graduellement plus méchantes, lui enlevent son jeune fils, qui étoit sans doute d'un grand intérêt pour lui dans une position si amère! *Un enfant de sept ans, peut-il donc faire quelqu'ombrage ?* C'est la seule réflexion que se permette le monarque.

Prodige au-dessus de toute croyance humaine, lorsqu'étranger encore aux grands mystères d'iniquité qui se machinent au sein de la convention (8), traduit tout-à-coup devant elle, il y improvise sa défense, il la partage en trois époques remarquables, il jette la convention dans la stupeur, déconcerte le président, et le fait rougir d'avoir osé lui imputer la journée sanguinaire du 10 août, les massacres de septembre, d'avoir osé même faire un chef d'accusation des largesses du monarque envers les malheureux!

---

(8) LOUIS XVI étoit privé depuis quelque temps des journaux, et ignoroit ce qui se tramoit dans la convention.

Prodige d'un ordre tout divin, lorsque placé, par la fureur des hommes, sur le bord de la tombe, il soutient le courage de ses défenseurs, il tient lui-même la direction de sa défense! Témoins les larcins qu'il fait à la littérature, des traits les plus frappans du plaidoyer de Deseze : éloges pénétrans des hautes vertus du monarque, fragmens faits pour porter la sensibilité dans les cœurs, le prince les retranche sans hésiter, disant, avec cette noblesse vraiment royale dont il ne put jamais déchoir, *qu'il est fait pour éclairer ses ennemis, mais non pour les attendrir.*

Passons sous silence l'étrange procédure que mille passions en courroux fabriquent contre le monarque; oublions ces cris de Bacchantes qui retentissent dans le nouveau temple de justice ! Temple de justice ! Thémis, au sein du paganisme, en eût repoussé le nom seul avec horreur, indignée d'une aussi étrange profanation ! Détournons nos regards de ces prétendus juges, qui se montrent, dans l'agitation des passions, tantôt histrions, tantôt antropophages ; de ces juges, sans pouvoirs, comme sans institution ; de ces juges, (ô impudeur !) qui ne se font juges que par la malheureuse science de savoir tout oser; de ces juges, parmi lesquels, dit le célèbre Deseze, au lieu de juges, je ne vois qu'accusateurs. Oublions ces sourdes manœuvres, ourdies dans les ténèbres des clubs; ces mouvemens électriques, comminatoires, soufflés dans les sociétés populaires, pour glacer d'effroi les votans, et obtenir, par tout moyen, la majorité des votes sanguinaires. Perdons de vue cette majorité factice, qui se compose de passions confédérées, de péchés coalisés, de férocité, d'impiété, de peur et de pusillanimité; qui se compose par la violation de toutes les lois divines et humaines, d'où se produit le monstrueux arrêt de mort!......... Suspendez votre courroux, Messieurs......

Admirez la sérénité de LOUIS, lorsque le ministre de la justice vient lui faire lecture du jugement; entendez un témoin qui ne peut vous être suspect, le farouche *Hébert* (9) : « Je voulus, dit-il, être pré-
» sent à la lecture de l'arrêt de mort de LOUIS;
» il écouta avec un sang-froid rare la lecture de ce
» jugement : il mit tant d'onction, de dignité, de
» noblesse, de grandeur, dans son maintien et dans
» ses paroles, que je ne pus y tenir; des pleurs de rage
» vinrent mouiller mes paupières : il avoit dans ses
» regards et dans ses manières quelque chose de visi-
» blement surnaturel à l'homme. » Tant elle est assurée, inaliénable, l'antique prérogative de la vertu, de faire pâlir le crime devant elle, de forcer son respect, en même temps que le crime lui fait subir ses dernières vengeances !

Autre prodige ! LOUIS, rendu pour quelques

---

(9) Substitut du procureur de la commune, le plus fougueux ennemi de la royauté, auteur du journal connu sous le nom de *Père Duchêne*.

heures à sa famille, lui apprend lui-même que le lendemain son sacrifice sera *consommé*; l'épouse éplorée, identifiée avec la grande ame de son époux, et confondue, depuis long-temps, avec lui, dans les mêmes épreuves; ELISABETH DE FRANCE, associée au martyre de l'un et de l'autre, se jettent sur son sein, elles l'arrosent de leurs larmes; elles ont la force de ne lui offrir que les seules consolations que sa grande ame puisse goûter. « Heureux! heureux! ô digne
» époux! Heureux! heureux! ô tendre frère! d'être
» arrivé enfin au terme de vos malheurs! Heureux
» d'aller jouir de la félicité, qu'il nous blesse si
» cruellement de ne pas partager, le même jour et
» la même heure, avec vous! »

Voyez l'aimable enfant qui, par ses ingénieuses saillies, adoucit plus d'une fois l'humeur chagrine des bourreaux de son père; en l'arrosant de ses pleurs, il a la force de commander à son cœur; autant que le permet la foiblesse de l'âge, il s'élève au courage que lui transmettent sa tendre mère et sa tante chérie par leur magnanimité. La jeune princesse, atterrée, jette des cris perçans; ses sanglots se terminent par un long évanouissement qui la sauve de la dernière épreuve, les derniers adieux du Roi son père.

LOUIS saisit ce moment pour les lui épargner; il se leve sans bruit : il étend sa main patriarchale...; il bénit sa famille...; il immole sans retour à son Dieu les seules affections inhérentes à son ame, pour ce qui lui reste de plus cher au monde.

LOUIS s'arrache pour toujours aux tendres embrassemens des siens.... De la même main dont il les bénit, il ferme sur lui la tombe sépulcrale..... Adieux éternels! LOUIS n'est plus pour eux!.... Il n'est plus pour eux, Messieurs, dans cette terre régicide; il sera tout entier pour eux dans l'heureux séjour qui ne tardera pas à les réunir.

L'ame de LOUIS n'a plus qu'à s'épancher toute entière dans le sein de la religion, amie du malheur, qui lui tend sa main libérale, par le ministère du prêtre catholique, l'immortel abbé de Firmond, qui marche sur tous les périls, sur toutes les fureurs, sur toutes les rages, pour venir soutenir le monarque agonisant. Le monarque agonisant! Eh! aura-t-il une agonie, le vertueux LOUIS XVI? Firmond ne voit rien en lui que de céleste; il voit son front auguste, tout rayonnant de lumières: il le bénit, il l'absout; il appelle sur l'autel la victime de propitiation; il le nourrit du pain des forts, qui prémunit autrefois les martyrs contre l'horreur des supplices. La cérémonie sainte terminée, LOUIS confesse avec ingénuité qu'il ressent, dans tout son être, une sensation délicieuse et extraordinaire, dont il ne peut rendre compte, mais qu'il n'a jamais éprouvée. « Mon cher abbé, » ajoute-t-il (10), je suis accablé de fatigues; j'ai besoin » de force pour le voyage que j'ai à faire : je vais » prendre du repos. »

---

(10) S'adressant à M. l'abbé de Firmond.

Cléri, le fidèle Cléri, dont le nom ne s'effacera jamais de nos annales, Cléri, à l'héroïsme duquel la France reconnoissante ne dédaigne pas d'offrir une de ses plus riches palmes (11), lui prête son dernier ministère ; le ciel le veut ainsi, pour nous transmettre, par un témoin si précieux, le prodige qui s'opère...... France, admire !..... Et vous, ames régicides, soyez dans la stupeur!.... LOUIS, après quelques minutes, s'endort d'un sommeil profond que le fidèle serviteur vient terminer à l'heure prescrite par son auguste maître.... Preuve évidente, que LOUIS, environné des ombres de la mort, est, par une force toute céleste, supérieur à la mort, bien au-dessus de ses frayeurs, de ses angoisses! Pénétrez dans le cœur des hommes de sang qui ont machiné la mort de leur Roi : ah! qu'ils sont loin de goûter un sommeil aussi paisible!

Ne soyez point surpris de voir LOUIS accueillir,

---

(11) L'attachement des serviteurs à leurs maîtres, est un des liens les plus précieux de la société. Cléri ayant porté cette vertu jusqu'à l'héroïsme, on ne doit rien voir que de juste dans le tribut que l'on paye à sa mémoire. Nous ferions un véritable larcin à nos lecteurs, si nous taisions ici le beau trait de la veille, qui honore autant le serviteur que le maître, et le maître que le serviteur. « Cléri, dit le prince, » la mort n'a rien d'effrayant pour moi ; mais une épine déchire cruel-» lement mon cœur, et vous pouvez soulager mon ame : je suis dépouillé » de tout. Ah ! qu'il me blesse de ne pouvoir reconnoître vos sacrifices ! » *Mes sacrifices*, dit Cléri, *portent avec eux leur récompense*. Néanmoins, » soulagez mon ame, reprend le monarque : rompez avec moi ce morceau » de pain ; et vous direz que votre Roi, votre maître, avant de mourir, » a partagé avec vous le reste de sa fortune ! »

avec son affabilité accoutumée, le commandant de la garde, et les deux préposés à l'exécution de l'arrêt; il présente à l'un d'eux son testament, pour le remettre aux magistrats du peuple.

Je n'ai d'autre mission que de vous conduire au supplice, répond cette bête féroce (12).

Vous vouliez, ô mon Dieu ! que l'ame de LOUIS fût suppliciée, jusqu'à la fin, par ces formes brutales que n'éprouvent, chez aucun peuple, à ce moment fatal, les plus insignes malfaiteurs ! Qu'ai-je dit? Il n'y a plus, Messieurs, ni affronts, ni angoisses, ni supplice, pour le monarque; l'esprit divin en a fait un être impassible. LOUIS, un pied déjà dans la tombe, met ordre à tout avec un sang-froid qui ne vient que du secours d'en-haut; il transmet ses derniers vœux à sa famille, ses derniers vœux aux deux autorités parricides; les hommes vertueux, qu'il voit abbattus par la douleur, sont présens à sa pensée : il jette dans leur ame les plus douces consolations; il les relève de leur abattement. *Marchons*, dit-il au chef des satellites. Ici c'est la victime qui donne le signal.

Le trajet, jusqu'à la place Louis XV, est couvert

---

(12) Cet homme [J. R.], est celui qui avoit proposé à la commune, de mettre l'auguste prisonnier au pain et à l'eau, le même qui venoit de proposer de faire faire des danses et des illuminations dans Paris, le jour de la mort du Roi. MONTJOIE, *Él. hist.*, éd. de 1814, *p*. 281.

par un morne silence; il se passe dans les doux entretiens de l'auguste victime avec l'Ange de Dieu qui lui transmet ses pensées célestes.

Au pied de la statue de son auguste aïeul, est placé l'échafaud, que LOUIS envisage d'un œil tranquille et serein. LOUIS, environné autrefois d'une cour brillante, n'est plus entouré que de bourreaux! Quel étrange spectacle! Assuré de rester immobile sous le glaive prêt à le frapper, LOUIS se refuse un instant aux liens qui lui sont présentés; mais, à la voix angélique qui lui rappelle que ces liens lui donneront une conformité de plus avec le Dieu Rédempteur, il livre ses mains royales aux bourreaux. Dépouillé de ses habillemens, ses mains liées, garrotées derrière le dos, dans la posture d'un vil criminel, le plus vertueux des Rois monte sur le trône de l'ignominie, qui devient le trône de sa gloire. *Je meurs innocent,* s'écrie le prince; *je pardonne ma mort : je souhaite que mon sang puisse cimenter le bonheur des Français.*

Vous savez, Messieurs, que la voix du juste fut toujours le tourment des enfans du péché : aussi les enfans du péché prétendent-ils couvrir celle du monarque (13); mais le larcin fait à la consolation publique ne sera pas entier : il nous a suffi de quelques accens de la victime, pour nous peindre à sa dernière

―――――――――――

(13) Par le roulement des tambours.

heure sa noblesse, sa générosité. *Fils de S. Louis, montez au ciel!* s'écrie le ministre de la religion. La hache tombe sur la tête auguste de LOUIS; tout est consommé, *consummatum est :* le meilleur des Rois n'est plus.....

Ne vous offensez pas, Messieurs, que j'emprunte ici les dernières paroles de J.-C. mourant : le parallele est trop vrai (sous le rapport de la méchanceté des hommes). Mêmes complots de la perfidie, mêmes cris de mort, mêmes factions, mêmes confédérations haineuses, mêmes tissus d'iniquité et de mensonge, mêmes fureurs et mêmes rages! Tout est consommé ici, comme sur le Calvaire : *consummatum est....*

Ici, comme au Calvaire, astre brillant du jour, couvre-toi de ténèbres profondes! Terre, tremble et frémis! Pierres et rochers, fendez-vous d'horreur!....

Postérité, recule d'effroi! France, ferme tes annales! Peuple français, arrache-toi à ton propre sol, et va pleurer, sur d'autres rives, ton opprobre éternel! Mais...... Ah! il te faudroit plus de pleurs pour te laver, que les mers qui t'environnent ne contiennent de gouttes d'eau dans leurs vastes enceintes! Je dis plus : le crime s'effacera des consciences régicides, par une juste pénitence; le souvenir de ta flétrissure sera toujours amer, toujours déchirant dans les siècles à venir.

Pleurez toutefois, pleurez avec confiance, enfans du péché; LOUIS vous pardonne : LOUIS, de ses mains royales, à peine libres des liens de la tyrannie oppressive (14), a écrit votre pardon dans son testament auguste, monument éternel de l'amour qu'il porte à ses ennemis; LOUIS, de ses mains royales, a gravé lui-même votre pardon, en caractères ineffaçables, sur le marbre du Calvaire.

Pleurez donc, pleurez avec confiance, enfans du péché; LOUIS vous pardonne : fidèles à ses derniers accens, les amis de LOUIS vous pardonnent. Mais que vois-je ? (ce n'est pas le pardon des hommes qui est à ambitionner pour vous, c'est le pardon des cieux) ; et ce pardon, vous le repoussez par l'impénitence ! Le sang du monarque n'a pas étanché la soif sanguinaire qui vous dévore ! Enfans du péché, vous ourdissez encore vos trames nocturnes ! De vos conventicules ténébreux, sortent de nouvelles listes de proscription ! Le sang innocent va couler, à grands flots, par vos mains parricides, et ira se perdre dans la même année, dans le même fleuve, où est venu se perdre le sang du monarque !

Néanmoins, ne craignez point la vengeance des hommes, LOUIS vous pardonne ;...... les amis de LOUIS vous pardonnent ;..... les fidèles serviteurs de LOUIS vous pardonnent..... Mais le ciel en courroux n'a besoin ni des amis de LOUIS, ni des fidèles serviteurs de LOUIS, pour appesantir

---

(14) On venoit de rendre à LOUIS XVI la liberté d'écrire.

son bras vengeur; il n'a besoin que de vous-mêmes, pour vous détruire par vous-mêmes (15).

Vos propres factions s'immolent tour-à-tour, les unes par les autres, et vous portent, avant que l'année expire, sur le même échafaud et sous la même hache qui a tranché la tête de LOUIS! sans que vous l'ayez cru! sans que vous ayez voulu le croire! Vous aurez été dans la main du Dieu vengeur les instrumens aveugles des justices éternelles qui ne laissent aucun crime impuni. Ainsi, vous aurez vérifié par vous-mêmes l'oracle du prophète, qui annonce, au nom du Dieu tout-puissant, que *les hommes de sang ne verront pas la moitié de leurs jours* (16).

Pleure, ne cesse de pleurer, peuple français; tes destinées vont suivre les chances des gouvernemens, qui planeront successivement sur toi : les tyrannies oppressives, anarchiques ou despotiques, n'épargneront aucunes de tes générations naissantes; elles auront toutes disparu, avant que le ciel pardonne.

Vient enfin le moment, où tant de sacrifices héroïques du monarque, fixent le souvenir du Seigneur, et amènent la miséricorde!

---

(15) Étrange spectacle que présenta l'année 1793! D'un côté, on immola, à soixantaine par jour, ceux qui étoient suspects de royalisme; et de l'autre, ceux qui concoururent au massacre du Roi, subirent, pour la plupart, le même sort.

(16) *Viri sanguinum et dolosi non dimidiabunt dies suos.* Ps. 44, v. 24.

LOUIS XVI, du haut des cieux, fait briser nos fers : sage et impénétrable providence, qui brise à son gré les sceptres, les couronnes, et les recrée ensuite de leurs débris !

Aimable, généreuse providence ! qui, malgré tant d'intérêts opposés, rallie tout-à-coup autour de Louis le Désiré toutes les phalanges ennemies, pour lui remettre en main sa puissance royale, et faire, du monarque reconquis à notre amour, l'arbitre de la paix de l'Europe, chef-d'œuvre de sa haute sagesse, et gage immortel de son amour pour la France !

Aimable, généreuse providence ! qui replace près du trône, ici nos princes chéris, frère et neveux du monarque, pour en être le plus riche ornement, le plus solide appui ; là, cette princesse incomparable, à laquelle s'attachent tant de douloureux souvenirs, et l'espoir le plus consolant de nos destinées !

Aimable, généreuse providence ! qui rappelle près de ce trône, tout brillant de lumière, la race antique des héros, ces deux princes qui viennent pleurer, sur la terre homicide, l'intrépide guerrier, dont la noblesse, la magnanimité, le nom seul de Condé, causèrent assez d'ombrage à la puissance qui vient de finir, pour lui faire lever lâchement son bras assassin sur le fils, le petit-fils, l'arrière-petit-fils de tant de braves, Monseigneur le Duc d'Enguien.

Nous, Messieurs, ralliés autour de ce sépulcre, où les élans de nos ames ne peuvent plus être comprimés, portons delà nos souvenirs jusques dans les cieux, où nous voyons l'auguste monarque qui, de l'heureux séjour, nous couvre des palmes du triomphe; ne craignons point d'unir les sentimens de notre gratitude à nos accens plaintifs! Ce jour est bien fait pour les confondre ensemble : ce ne sera point arrêter l'expiation des crimes, que de réunir tant d'affections diverses, auxquelles il appartient nécessairement d'associer les larmes d'une sainte joie à celles de la douleur. La victime expiatoire n'en sera que plus libérale dans ses dons, puisqu'en séchant les pleurs de nos incorruptibles vertus (celles qui nous attachent au trône), elle assurera, elle prolongera, elle perpétuera celles du repentir! *Ainsi soit-il.*

www.ingramcontent.com/pod-product-compliance
Lightning Source LLC
Chambersburg PA
CBHW060945050426
42453CB00009B/1139